L'eredita

Luisa Brisi

B1-B2

intermedio

www.edilingua.it

Luisa Brisi si è laureata in Lingua e Letteratura Tedesca presso l'Università degli Studi di Udine. Ha vissuto per alcuni anni a New York, negli Stati Uniti, dove ha insegnato l'italiano e il tedesco alla U.N.I.S., la scuola delle Nazioni Unite. Al suo rientro in Europa si è stabilita dapprima in Germania, dove ha lavorato per molti anni come docente d'italiano in diverse scuole dell'Alta Baviera, e poi in Svizzera nel Cantone di San Gallo, dove continua ad insegnare.

A Laurence, Stefano e Roberto

© **Copyright edizioni Edilingua**
Sede legale
via Cola di Rienzo, 212 00192 Roma
Tel. +39 06 96727307
Fax +39 06 94443138
info@edilingua.it
www.edilingua.it

Deposito e Centro di distribuzione
via Moroianni, 65 12133 Atene
Tel. +30 210 5733900
Fax +30 210 5758903

I edizione: febbraio 2013
ISBN: 978-960-693-066-9 (Libro)
ISBN: 978-960-693-065-2 (Libro + CD audio)
Redazione: Laura Piccolo, Antonio Bidetti
Impaginazione e progetto grafico: Edilingua
Illustrazioni: Romina Trabazos
Registrazioni: *Autori Multimediali*, Milano

Edilingua
sostiene
actionaid

Grazie all'adozione di questo libro, Edilingua adotta a distanza dei bambini che vivono in Asia, in Africa e in Sud America. Perché insieme possiamo fare molto! Ulteriori informazioni sul nostro sito.

Stampato su carta priva di acidi, proveniente da foreste controllate.

Ringraziamo sin da ora i lettori e i colleghi che volessero farci pervenire eventuali suggerimenti, segnalazioni e commenti (da inviare a redazione@edilingua.it).

Legenda dei simboli

Fai gli esercizi 1-5 nella sezione *Attività*

Ascolta la traccia n. 9 del CD audio

Indice

Indice delle tracce del CD audio

1 Capitolo 1	**5** Capitolo 5	**9** Attività 3	**13** Attività 18
2 Capitolo 2	**6** Capitolo 6	**10** Attività 7	**14** Attività 22
3 Capitolo 3	**7** Capitolo 7	**11** Attività 10	**15** Attività 27
4 Capitolo 4	**8** Capitolo 8	**12** Attività 14	**16** Attività 30

Chi non ha il CD audio può scaricare le tracce 9-16 dal
nostro sito www.edilingua.it alla sezione *Primiracconti*.

Premessa

La collana *Primiracconti* nasce dalle sempre più frequenti richieste da parte degli studenti di leggere "libri italiani". Tutti sappiamo però quanto ciò sia difficoltoso, soprattutto per studenti di livelli non avanzati; si è pensato quindi di realizzare racconti semplificati che potessero da una parte soddisfare il piacere della lettura con un testo narrativo non troppo esteso né difficile da comprendere e dall'altra offrire un mezzo per raggiungere una maggiore conoscenza della lingua e della cultura italiana. Ogni racconto, infatti, è corredato da attività mirate allo sviluppo di varie competenze, in particolare quelle legate alla comprensione del testo e al consolidamento del lessico usato nel racconto, un lessico che comprende, non di rado, anche espressioni colloquiali o gergali molto diffuse in Italia, presentate sempre in contesto.

Il racconto è arricchito di vivaci disegni originali (presenti anche nella sezione delle attività) che, oltre ad avere una funzione estetica, sono stati pensati e realizzati per aiutare lo studente a raggiungere una maggiore e più completa comprensione del testo. Allo stesso scopo sono state inserite le note a piè di pagina, ben calibrate nel testo per non appesantirne la lettura.

Ciascun capitolo del racconto è introdotto da una o due brevi domande che hanno lo scopo non soltanto di collegare il nuovo capitolo a quello precedente, ma soprattutto di mantenere alta e viva la motivazione dello studente-lettore, il quale viene introdotto nell'intreccio degli avvenimenti che il nuovo capitolo andrà a svelare.

L'eredità può essere usato sia in classe sia individualmente, così come le attività relative ad ogni capitolo possono essere svolte sia in gruppo sia dal singolo studente; da una parte, infatti, si fa riferimento alla lettura collettiva, sempre utile in classe in relazione a un testo narrativo; dall'altra si offre l'occasione unica di una lettura individuale, importante tanto per un eventuale e successivo lavoro in classe, quanto, e soprattutto, per lo studente nel suo percorso di studio dell'italiano.

Tutti i volumi della collana *Primiracconti* sono disponibili con o senza CD audio. Il CD audio, con la lettura a più voci del testo eseguita da attori professionisti, è importante non solo perché offre delle interessanti attività di ascolto, ma anche perché fornisce allo studente l'opportunità di ascoltare la pronuncia e l'intonazione corretta del testo, cosa quanto mai importante ai primi livelli e sicuramente sempre gradita.

Buona lettura!

*Laurence, la protagonista della storia, ha ricevuto una lettera dall'Italia,
dove lei non conosce nessuno. Chi potrebbe averle mandato la
lettera? Quale potrebbe essere il contenuto? Prova a fare delle ipotesi.*

La lettera

– Ricordati, cara Laurence, che potrai sempre tornare da noi. Ti lasciamo andare via a malincuore[1]. Ci mancherai! – con queste parole il direttore del *Grand Hotel des Bains* termina il suo breve discorso, alza la coppa di spumante in direzione della ragazza, che arrossisce, e aggiunge: – Alla tua salute, Laurence! E buona fortuna!
Una delle colleghe, Natalie, si avvicina alla festeggiata e le dice:
– Non sapevo niente di questa storia. Com'è successo? Dai, ti prego! Racconta!

Laurence sospira. Non ha molta voglia di parlare, ma sa che Natalie non la lascerebbe in pace.

– Mah! Per farla breve – inizia senza grande entusiasmo Laurence – una sera sono tornata a casa dal lavoro e nella cassetta della posta ho trovato la lettera di un notaio italiano. Sono rimasta sorpresa perché io in Italia non conosco nessuno. A dire la verità mio padre era italiano, veniva dal Piemonte. Io però non avevo più nessun contatto con lui da molto tempo. Comunque non ho dato molta importanza alla lettera, anzi me ne sono completamente dimenticata. L'ho aperta solo alcuni giorni più tardi, quando l'ho trovata riordinando l'appartamento. Leggendola, non ci ho capito molto, perché, come tu sai, io l'italiano non lo parlo molto bene...

---

1. *a malincuore*: controvoglia, non volentieri.

– *Fishing for compliments* – la interrompe Natalie e prosegue – Non è affatto vero! Tu l'italiano lo parli bene e come...! Quando parli con gli ospiti italiani che arrivano all'albergo non mi sembra proprio che tu abbia difficoltà! Scusa, se ti ho interrotto. Continua, su!

– Certo con gli ospiti me la cavo[2] abbastanza bene – prosegue – la lettera, però, era scritta in modo abbastanza difficile e io ho capito solo che mio padre era morto, che mi aveva lasciato la sua cascina in Piemonte e un po' di soldi.

– Oh! – la interrompe nuovamente la collega – Tuo padre è morto? Come mi dispiace! Non lo sapevo proprio! Ti faccio le mie condoglianze[3]...

– Ti ringrazio! – le dice commossa – Sai... – continua – purtroppo non avevo più nessun contatto con lui da molto tempo! Eravamo così estranei! – E dopo un attimo di pausa prosegue – All'inizio non volevo rispondere, ma poi ripensandoci, mi sono detta che questa sarebbe stata una buona occasione per lasciare l'albergo, per cominciare una nuova vita e per aprire un piccolo B&B, tutto mio, come avevo sempre sognato!

– Hai fatto benissimo! – replica l'amica – Hai 30 anni e una grande esperienza nel settore. Hai scelto proprio il momento giusto. Come ti invidio!!! Come sei fortunata! Ti auguro un grande successo! – conclude sospirando Natalie.

– Grazie! – le risponde Laurence – Quando tutto sarà sistemato, puoi sempre venire a trovarmi. Se vuoi!

– Accetto volentieri! Salute! Alla tua! – risponde allegramente la ragazza.

_____

2. *cavarsela*: riuscire a fare qualcosa.
3. *condoglianze*: espressione per partecipare al dolore di chi ha perso una persona cara.

Altri colleghi si avvicinano, stringono la mano di Laurence e le danno un piccolo bacio sulla guancia, mormorando[4] parole di augurio e di saluto.

Dopo qualche tempo tutti ritornano al lavoro. Laurence entra nel suo ufficio e finisce di mettere in una scatola gli ultimi oggetti, che ancora restano sulla scrivania. Saluta ancora una volta i più stretti collaboratori e se ne va.

Arrivata nell'appartamento, che sta per lasciare, si siede sul letto e sospirando si guarda intorno.

«Non c'è più niente di mio qui!» pensa «Tutti i mobili sono stati ormai venduti, le valigie sono già in macchina... Che tristezza...».

Durante la notte non riesce a dormire. Si gira e si rigira nel letto. Le vengono in mente sempre le stesse domande: «Avrò preso la decisione giusta? Che cosa succederà adesso?».

Prova a ricordarsi di suo padre, ma non ci riesce. «Che cosa sento per lui? Affetto? Indifferenza?» si chiede. «Non lo conoscevo bene...» pensa «...e del resto... ormai è troppo tardi!».

Quando finalmente riesce ad addormentarsi, è quasi giorno.

---

4. *mormorare*: parlare a bassa voce.

Laurence ha ereditato dal padre una cascina. Che cosa potrebbe essere, secondo te? Una casa per le vacanze, una casa di contadini o una baita in montagna?

I parenti italiani

Al suo arrivo nella città piemontese, Laurence si reca subito nello studio del notaio che le ha mandato la lettera. Il dottor Amato è un uomo gentilissimo che potrebbe avere l'età di suo padre. Dopo le presentazioni e lo svolgimento delle formalità, i due partono in direzione del piccolo paesino delle Langhe[1], dove si trova la cascina del padre e dove vive ancora la sua famiglia. Il notaio avverte Laurence che i suoi parenti la stanno aspettando e muoiono dalla curiosità di conoscere la figlia di Carlo. A questa notizia la ragazza si spaventa un poco e gli confida di avere un po' paura. Il dottor Amato sorride amabilmente, la rassicura e l'informa che i piemontesi, e come del resto tutti gli italiani, sono famosi per la loro proverbiale[2] ospitalità. Al loro arrivo sono tutti lì, i parenti italiani, raggruppati davanti alla cascina, sulla cui porta hanno appeso un grande cartello con la scritta "Benvenuta Lorenza", il suo nome in italiano. La prima a venirle incontro, ad abbracciarla e a darle due grossi baci sulla guancia, è una signora anziana dal viso gentile e simpatico.

– Benvenuta! Io sono la zia Rossella! Sono la sorella di tuo padre! Come sono felice ed emozionata di conoscerti! – le dice tra le lacrime e continua – Tuo padre parlava spesso di te!!!

---

1. *le Langhe*: regione del Piemonte che si trova tra le province di Asti e di Cuneo.
2. *proverbiale*: famoso, risaputo.

Dopo la zia, gli altri, uno dopo l'altro, si avvicinano alla ragazza e la salutano. Laurence viene baciata ed abbracciata da molti cugini, zii e zie, vicini, che nel loro entusiasmo, le fanno capire di essere già una di loro. L'ultima a salutare la ragazza è una giovane donna di alcuni anni più grande di lei.

– Ciao – le dice in tono sgarbato[3], dandole malvolentieri la mano – Sono Maria Lucia e sono tua cugina!

_____

3. *sgarbato*: maleducato, scortese.

Senza lasciare a Laurence il tempo di reagire, si dirige verso la sua macchina e se ne va, abbandonando il gruppo.

La zia Rossella nota subito lo stupore[4] della nipote, si avvicina, l'abbraccia e le dice – Non farci caso! Maria Lucia qualche volta è un po' lunatica, ma in fondo è una brava ragazza! Vieni! – aggiunge – Entriamo in casa. Abbiamo preparato qualcosa da mangiare. Sarai sicuramente affamata dopo un viaggio così lungo...

Questo "qualcosa da mangiare" è in verità una splendida cena con tutte le specialità che la magnifica cucina di questa regione offre e il "qualcosa" è accompagnato dagli eccellenti vini prodotti nella zona. Il grande gruppo è seduto a un lungo tavolo nella cucina della cascina. L'atmosfera è allegra. Spesso uno degli uomini più anziani, si alza e, in dialetto piemontese, fa un brindisi[5] alla salute di "Lorenza". La ragazza non capisce una parola, ma la zia le viene prontamente in aiuto traducendo subito in italiano. Spesso le domanda preoccupata – Ma tu non mangi niente? Non ti piace? Sei così magra!

La ragazza ha un bel daffare a rassicurarla che tutto è buonissimo, ma che lei purtroppo non è abituata a mangiare tanto.

– Ma va là![6] – le dice la zia allegramente – Ti abituerai, vedrai. Il vino, a proposito, lo ha portato Stefano. Vedi? È quel giovanotto alto, magro, seduto alla fine del tavolo. È lui che lo produce. Buono, vero?

Laurence fa di sì con la testa. Più il tempo passa, più si rende conto di quanto sia stanca, ma anche felice e un pochino brilla. Non si aspettava un'accoglienza così calorosa e questo la fa sperare in un futuro migliore nel paese di suo padre.

---

4. *stupore*: sorpresa, meraviglia.
5. *fare un brindisi*: brindare, bere alla salute di qualcuno o di qualcosa.
6. *ma va là!* (espressione colloquiale): «Non ci credo...!».

Laurence vuole aprire un piccolo B&B. La zia le propone di chiedere consiglio a Piero. Perché? Che lavoro potrebbe fare Piero? Potrebbe essere utile a Laurence e aiutarla? O potrebbe essere un ostacolo? Prova a fare delle supposizioni.

Il cugino Piero

Il mattino seguente un buon odore di caffè, che sale dalla cucina, sveglia Laurence. Scende e trova la zia indaffarata[1] ai fornelli.

– Buongiorno – le dice – hai dormito bene? Vuoi fare colazione?

La ragazza ringrazia e si siede al grande tavolo. Dopo pochi minuti la zia la raggiunge, si siede e, mentre bevono insieme una tazza di caffè, le chiede con un certo imbarazzo[2]:

– Scusa, se mi intrometto[3], ma potrei chiederti che intenzioni hai per la cascina. Vuoi abitarci tu? Vuoi venderla? Tua cugina Maria Lucia sarebbe interessata all'acquisto e…

Laurence l'interrompe gentilmente – No, zia! Non voglio vendere. Avrei pensato di aprire un piccolo B&B. Sai, una specie di pensione con poche camere, ben curate e servizio di prima colazione. Il posto è così bello, in mezzo alle colline… E poi come forse sai, ho lavorato per alcuni anni in un albergo e ho una certa esperienza in questo campo. Dovrei restaurare la cascina, ma se tu e qualcuno degli altri parenti mi date una mano, penso che ce la faremo. Cosa ne dici?

– È una bellissima idea, la tua! – la zia sorride felice e continua – Sai, quando abbiamo saputo che avevi ereditato la cascina, eravamo con-

---

1. *indaffarata*: una persona che ha molte cose da fare.
2. *imbarazzo*: insicurezza, disagio.
3. *intromettersi*: interessarsi di fatti e cose di un'altra persona.

vinti che non ti interessasse, che l'avresti venduta... – Fa una piccola pausa e poi prosegue pensierosa – Tutti noi pensavamo che Maria Lucia avrebbe ereditato la casa. Tu e tuo padre non avevate più nessun contatto. Tua cugina invece era sempre qui, veniva ogni giorno a trovarci. – S'interrompe e la guarda tristemente. Dopo qualche minuto, però continua: – Pensa, anche lei voleva restaurarla e aprire una pensione, o come si dice, proprio come vuoi fare tu. La tua stessa idea! Noi parenti eravamo d'accordo con il suo progetto. Anche se personalmente non ci sembrava adatta per questo lavoro... – la zia non finisce la frase. Sospira. – Lasciamo perdere![4] – continua – Questa adesso è la tua casa! Anch'io posso aiutarti, se vuoi! Non sono poi così vecchia!

Laurence l'abbraccia – Certo, zia! Ti sono molto grata! Sono felice di averti al mio fianco! Non conosco ancora nessuno qui e poi non parlo nemmeno bene l'italiano!

---

4. *lasciar perdere* (espressione colloquiale): smettere di parlarne, chiudere l'argomento.

– Senti! – le dice la zia – Ho un'idea! Nel pomeriggio andiamo da Piero. È uno dei tuoi tanti cugini, che ieri sera erano qui. Forse ti ricordi di lui. Lavora in banca e conosce tante persone che possono esserti utili. Che ne dici?

– Perfetto! Ti ringrazio molto! – risponde la ragazza felice.

Nel pomeriggio le due donne vanno in paese da Piero, un uomo di mezza età, alto, con una faccia simpatica, che le fa accomodare subito nel suo ufficio. Con grande interesse ascolta quello che gli dicono la zia Rossella e la nuova parente.

– Oh, bella questa! La stessa idea di Maria Lucia! Vero, zia? – esclama sorridendo.

– Comunque, Lorenza, la casa è tua. Tu hai già lavorato in un albergo e hai una grande esperienza. Se posso dirlo, Maria Lucia non capisce molto di queste cose. Quello che lei sa fare perfettamente è cucinare. È la migliore cuoca di tutte le Langhe! Vabbè! Allora, cara cuginetta, adesso che conosco i tuoi progetti, mi informo e poi ti faccio sapere. Va bene?

– Benissimo! – lo ringraziano zia e nipote, in coro – Grazie per il tuo aiuto e a presto, allora!

Piero le accompagna all'uscita e le saluta con una calorosa stretta di mano.

– Che persona gentile! – dice Laurence alla zia.

– E sì! – le risponde l'anziana signora – Piero è veramente un ragazzo d'oro.

Mentre aspetta la risposta del cugino Piero, Laurence fa progetti per il suo B&B. Prova a immaginare come potrebbe essere la nuova struttura turistica.

Progetto B&B

Laurence, in attesa di ricevere le informazioni da suo cugino, passa i giorni seguenti a fare progetti per il restauro della cascina. Da quello che le sembra di capire, non ci vuole proprio molto. L'edificio sembra essere abbastanza in ordine. Suo padre in tutti gli anni lo ha sempre curato[1]. Sarebbe necessario costruire al piano superiore le nuove camere per gli ospiti e i servizi sanitari.

«Forse» pensa la ragazza «si potrebbe anche costruire un piccolo terrazzino davanti a ogni camera. Con questa splendida vista sulle colline, sarebbe un piacere stare seduti al sole. La cucina andrebbe adattata alle nuove esigenze, mentre il corridoio dovrebbe essere allargato per fare posto a una piccola reception. La vecchia sala da pranzo del babbo invece potrebbe diventare la stanza, dove servire la prima colazione. Con il tempo e con l'aiuto della zia, che sa cucinare benissimo le specialità piemontesi» sogna Laurence «si potrebbe anche aprire un ristorantino! Chissà?». E continua a fantasticare[2]: la vecchia stalla, dove da anni non ci sono più animali, potrebbe diventare un piccolo alloggio per Laurence e per la zia. Nella bellissima cantina con il soffitto a volta[3] con mattoni rossi a vista si potrebbe aprire una piccola enoteca, magari per vendere i vini di Stefano, il vicino enologo

---

1. *curato*: pulito, ordinato.
2. *fantasticare*: sognare.
3. *a volta*: a forma di cupola.

e produttore. Solo il giardino con una bellissima vista sulla pianura circostante non ha bisogno di cambiamenti. Il babbo, le ha raccontato la zia, ci passava molte ore. Gli piaceva moltissimo occuparsi dei suoi fiori e delle sue piante. «E si vede!» pensa la ragazza passeggiando tra le aiuole[4] ben curate. «Si potrebbe» continua a fantasticare Laurence «creare un piccolo orto per avere verdure ed erbe aromatiche sempre fresche. Forse Stefano o uno dei cugini mi darebbero una mano...».
Improvvisamente sente la voce della zia che la chiama:
– Lorenza – le grida – Vieni! È arrivato Piero e vuole parlarci!

Piero, gentilissimo come sempre, informa la cugina che il progetto "B&B" non è difficile da realizzare. Le spiega come, tramite la sua banca, potrebbe aiutarla con i finanziamenti. Le consegna una lista con i nomi degli operai e delle ditte edili[5] che, secondo lui, potrebbero occuparsi del restauro.

– Sono tutti amici miei – le spiega Piero – Alcuni di loro sono anche nostri parenti! Tutte persone esperte e affidabili. Tutti conoscevano e stimavano tuo padre. E sarebbero felici di aiutarti. Tutti sono entusiasti del tuo progetto. Dicono che una struttu-

---

4. *aiuola*: parte del giardino, usata per piantare fiori.
5. *ditta edile*: impresa che costruisce case o edifici.

ra turistica ci voleva nel nostro bel paesino... – continua Piero – Allora, cosa ne dici, Lorenza?

La ragazza è commossa. Non si aspettava tanta generosità, lei così abituata alla riservatezza e alla correttezza tipica di quei paesi, dove aveva vissuto fino a poco tempo prima. – Non ho parole per ringraziarti, Piero! Sono commossa, credimi! – Gli si avvicina e lo abbraccia – Grazie! – sussurra.

– Ehi! L'ho fatto volentieri – la rassicura il cugino – Senti, se per te va bene, vengo stasera con Gianni. È l'impresario edile, che, secondo me, potrebbe eseguire i lavori di restauro. Domani pomeriggio potresti venire in banca per firmare alcuni documenti per il finanziamento?

– Ma certo! Volentieri! – gli risponde Laurence.

La zia arriva con una bottiglia di spumante e tre bicchieri. – Dobbiamo brindare! – dice – Ecco una bottiglia di quello buono! È di Stefano! – E tutti bevono alla salute del progetto B&B.

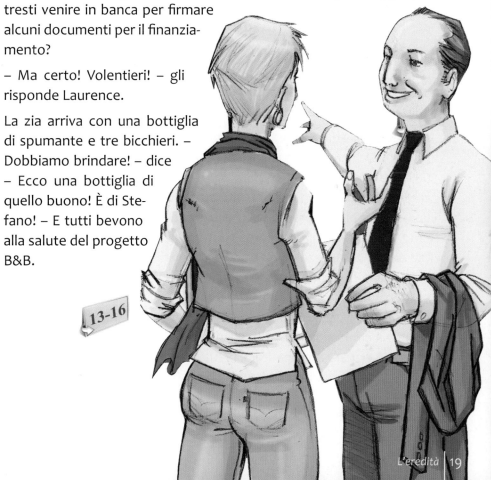

13-16

*Si comincia a ristrutturare la cascina per farne un B&B.
Dapprima si prepara l'alloggio per Laurence e per la zia, poi,
durante l'inverno, i lavori continuano all'interno.
Una sera, mentre le due donne giocano a carte nel nuovo alloggio, la zia fa
una domanda molto personale a Laurence. Che cosa potrebbe chiederle?*

Iniziano i lavori

Dopo alcune settimane le formalità sono concluse e i lavori di ristrutturazione possono cominciare. Si inizia subito con la stalla per trasformarla in un piccolo alloggio per Laurence e per la zia. Appena sarà finito, andranno ad abitarci lasciando libera la cascina per il restauro.

Il tempo è magnifico, un autunno splendido, e i lavori possono proseguire senza interruzioni.

Molto spesso, durante il fine settimana, arrivano parenti e amici, tutti, o quasi tutti, abili artigiani[1], che danno una mano per finire prima dell'inverno l'alloggio per zia e nipote. La giornata di lavoro finisce sempre con una grande cena, preparata con cura dalla zia, che ha luogo o nel cortile della cascina o nella grande cucina. Spesso anche Stefano, il vicino enologo, fa parte del gruppo. Lui e Laurence sono diventati amici. La ragazza gli ha tradotto in quelle lingue straniere, che lei conosce molto bene, la pagina web per reclamizzare i suoi vini all'estero. La pagina è stata realizzata da Roberto, il più simpatico dei cugini di Laurence. Il ragazzo, studente di informatica e fratello di Maria Lucia, è tutto il contrario della sorella: allegro, sempre pronto a scherzare, gentile. Lavorare al computer è la sua grande passione. Finita la pagina web per Stefano, preparerà quella per il B&B di sua cugina.

---

1. *artigiano*: persona che esercita un'attività manuale.

Più il tempo passa, più la ragazza è impressionata dalla generosità[2] e dall'altruismo di tutti questi parenti, amici e vicini che le danno una mano senza chiedere niente in cambio[3]. L'unica che non si fa mai vedere alla cascina è Maria Lucia. Quando le due ragazze s'incontrano per caso in paese, Maria Lucia, con un fare arrogante, o fa finta di non vederla o la saluta distrattamente[4]. Laurence, seccata[5] da quello strano comportamento, una mattina chiede spiegazioni alla zia.

– Devi sapere – le racconta l'anziana signora – che prima del tuo arrivo, Maria Lucia veniva a trovarci ogni giorno. Faceva delle piccole commissioni per noi, ci portava, per esempio, la posta, il giornale... o le sigarette a tuo padre... Passava molto tempo qui a chiacchierare con lui, qualche volta lavoravano insieme in giardino. Insomma, erano affezionati uno all'altro. Tua cugina – penso io – era convinta di ereditare la cascina... Tu eri così lontana, di te non si sapeva nulla... Poi, quando tuo padre è morto, si è saputo che eri tu la sua erede. Per Maria Lucia è stato un colpo duro! – La zia sospira e prosegue – Ci vorrà un po' di tempo perché accetti la situazione! Le passerà, vedrai, ne sono sicura!

---

2. *generosità*: altruismo, bontà, cortesia.
3. *chiedere in cambio*: esigere, pretendere, volere.
4. *distrattamente*: con poca attenzione.
5. *seccata*: innervosita, irritata.

– Mah! Non mi pare! Non ne sono molto convinta! – le risponde la ragazza.

Poco prima di Natale zia e nipote possono traslocare nell'appartamento, ricavato dalla ex-stalla. Non è grande, due camere da letto, una grande cucina-soggiorno e il bagno, ma per le due donne è più che sufficiente.

– Tanto – dice Laurence alla zia, mentre mettono in ordine le loro cose – spero di passare la maggior parte del tempo nel nostro B&B ad occuparmi degli ospiti. Qui, zia, ci veniamo solo per dormire!

Laurence è entusiasta del lavoro fatto, l'alloggio è bellissimo. Adesso possono cominciare i lavori per trasformare la cascina in un vero e proprio B&B, che la ragazza spera tanto di poter inaugurare all'inizio dell'estate. E tutto sembra darle ragione.

Una sera, mentre giocano a carte, alla zia piace tanto, Laurence le dice:
– Zia, è da molto che ti osservo. Ho l'impressione che tu voglia chiedermi qualcosa e non ne hai il coraggio. È così?

La zia mette le carte sul tavolo, la guarda e le dice: – Hai proprio ragione. Vorrei chiederti una cosa, ma ho paura di offenderti o di ferirti.

La ragazza la convince a parlare.

– Perché, a un certo punto – le chiede, facendo fatica a trovare le parole giuste – non hai più risposto alle lettere di tuo padre?

Laurence è molto sorpresa. Pensa di non aver capito bene e chiede alla zia di ripetere. Alla fine, un po' seccata, le risponde – Come non ho più risposto alle lettere di mio padre, zia? Potrei fare a lui la stessa domanda, se fosse vivo! È stato lui a non rispondere più alle mie lettere, quando io avevo 13 anni! Capisci, zia? Così improvvisamente! Tutto d'un tratto! Accettare questo fatto, per me è stato doloroso, credimi!

Le due donne si guardano tristemente e non sanno più cosa dire. È Laurence che, dopo qualche minuto, rompe il silenzio imbarazzante che si è creato tra di loro. Si alza, va verso di lei e l'abbraccia.

Maria Lucia ha un incidente con la macchina. Durante la sua degenza in ospedale, la zia e Laurence mettono in ordine la sua casetta. In un armadio, Laurence fa una terribile scoperta. Quale? Fai delle ipotesi.

Una scoperta terribile

Dopo quella sera Laurence e la zia evitano accuratamente di toccare l'argomento "lettere" e continuano la loro vita di sempre. Le due donne stanno bene insieme e si fanno compagnia a vicenda[1]. Mentre Laurence è occupata a seguire i lavori di restauro all'interno della cascina, la zia si dedica, come sempre, alla cucina e ai lavori di casa. Ormai è arrivato l'inverno che nelle Langhe piemontesi è particolarmente duro. Quest'anno non c'è molta neve, ma una lastra[2] di ghiaccio ricopre pericolosamente e perennemente alcuni tratti delle strade circostanti.

Una mattina suona il telefono e la zia va a rispondere. Laurence la sente parlare animosamente. La telefonata è lunga e alla fine l'anziana signora si precipita da lei, pallida in volto, e balbetta confusamente:
– Maria Lucia ha avuto in incidente con la macchina!!! Da quanto ho capito, è scivolata sul ghiaccio ed è andata a sbattere contro un albero. Ci è mancato poco che finisse nel burrone[3]. Ha chiamato Roberto. Ancora non si sa se è ferita gravemente! O signore, ci mancava anche questa! – termina in dialetto piemontese.

Laurence fa del suo meglio per calmarla.

Per sapere esattamente come stanno le cose, chiama Roberto e da lui

---

1. *a vicenda*: una con l'altra.
2. *lastra*: strato molto sottile.
3. *burrone*: precipizio, strapiombo.

viene a sapere che l'incidente avrebbe potuto avere conseguenze ben più gravi. In fin dei conti Maria Lucia ha avuto fortuna. I soccorritori l'hanno portata subito all'ospedale della città vicina, dove, secondo le dichiarazioni dei medici, dovrà restare per una quindicina di giorni. Ha un braccio rotto, molte graffiature ed escoriazioni. Al momento è in stato di shock.

Nel piccolo paese, dove Maria Lucia vive, scatta subito l'aiuto di amici e parenti: i due figli e il marito si trasferiscono dalla suocera, ma sono regolarmente invitati a pranzo o a cena anche da altri parenti, Laurence e zia comprese. Quando le due donne vanno a trovarla all'ospedale, Maria Lucia è stranamente gentile con la cugina. Durante le visite successive il suo atteggiamento non cambia. Laurence naturalmente non può che rallegrarsene. Pochi giorni prima della fine della degenza in ospedale, le due donne decidono di dare una pulita alla villetta, dove Maria Lucia vive con la sua famiglia. Quando stanno per terminare il riordino, la zia chiede a Laurence di preparare alcuni indumenti[4] da portarle all'ospedale. La ragazza sale in camera di letto e comincia a scegliere le cose da mettere in una borsa. Mentre cerca un vestito nell'armadio, urta contro qualcosa che cade a terra spargendo il suo contenuto sul pavimento.

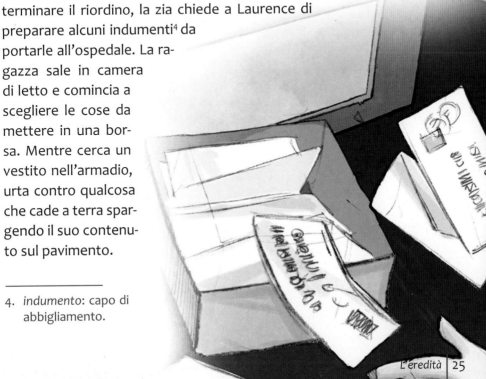

---

4. *indumento*: capo di abbigliamento.

Laurence guarda e si accorge di aver fatto cadere una scatola. Si abbassa e vede che gli oggetti sul pavimento sono lettere. Leggermente seccata per l'accaduto, vorrebbe rimetterle nella scatola, quando,

guardando più attentamente, si accorge che si tratta delle lettere che lei e il babbo si erano scritti. Pensa di essersi sbagliata, controlla ancora una volta e si rende conto che non ci possono essere dubbi: quelle che ha sotto gli occhi sono proprio le loro lettere! Improvvisamente si sente male, la testa le gira.

Faticosamente riesce a nascondere le lettere nella borsa e poi si trascina sul letto. Il dolore, la delusione e la rabbia che prova sono grandi. Comincia a piangere silenziosamente e non si accorge della zia che la guarda spaventata.

– O signore! – dice nel suo immancabile[5] dialetto piemontese – Che cosa è successo? Che cos'hai? Stai male? Sei pallida come uno straccio!

La ragazza si asciuga le lacrime e la rassicura – Non ti preoccupare zia! Non è niente! È un attacco di debolezza. Forse ho l'influenza...! – sorride tristemente e continua – Ti dispiacerebbe telefonare a Stefano e chiedergli se ci riporta alla cascina? Non me la sento di guidare in questo stato!

– Ma certo, ma certo – le risponde l'anziana signora – Lo chiamo subito! Speriamo sia a casa! O signore, che spavento mi hai fatto prendere! Prima Maria Lucia, poi tu... O signore!

21-24

---

5. *immancabile*: sempre presente.

Nelle settimane seguenti un solo pensiero occupa le giornate di Laurence: la terribile scoperta fatta nella casa di sua cugina. Senza informare la zia, decide che, appena Maria Lucia starà meglio, andrà da lei per parlarle. Secondo te, quale sarà la reazione della cugina? Si comporterà in modo arrogante? Ammetterà di essere colpevole? Negherà tutto?

Un'azione meschina[1]

Nei giorni che seguono la scoperta delle lettere, accuratamente nascoste nella sua camera, Laurence non riesce a pensare ad altro. Dopo aver riflettuto a lungo, decide di non raccontare niente alla zia. Non vuole coinvolgerla in questa triste faccenda. «La zia è una persona così dolce» pensa la ragazza tristemente. «Per lei sarebbe un dolore troppo forte». Riflettendo sulle conseguenze che il fatto ha avuto sui rapporti tra lei e suo padre, non può fare a meno di provare un grande odio nei confronti della cugina. Un atto meschino, pensa. «Adesso capisco» pensa tra sé e sé «il suo atteggiamento nei miei confronti!». Dopo aver riflettuto a lungo, un giorno decide che è venuto il momento di esigere una spiegazione da Maria Lucia. Quando questa si è rimessa dall'incidente, Laurence, con la scusa di dover andare in paese per alcune commissioni, si reca a casa sua. Sceglie la mattina, quando il marito è al lavoro e i figli a scuola. Maria Lucia è molto sorpresa nel vederla da sola senza l'immancabile zia, ma gentilmente la fa entrare e accomodare in salotto. Laurence non perde tempo e va subito al sodo[2]. Senza dire una parola, toglie le lettere

---

1. *meschino*: vile, miserabile, disonesto, vergognoso, cattivo.
2. *andare al sodo*: parlare subito dell'argomento desiderato, del tema centrale di una discussione o di un incontro.

dalla borsetta e gliele mostra. Maria Lucia impallidisce, balbetta parole senza senso, cerca di far finta di non sapere nulla, di cadere dalle nuvole[3] e, alla fine, dopo molti tentativi inutili e ridicoli, scoppia in un gran pianto. Singhiozzando le racconta quello che Laurence già sapeva o sospettava. Maria Lucia le confessa che voleva la cascina! Era pronta a tutto per quella casa che le era sempre piaciuta. La sentiva sua. Era stufa del suo lavoretto da quattro soldi. Voleva fare qualcosa di diverso, di gratificante. Voleva aprire il suo B&B e quella casa sembrava essere fatta apposta. Era stato facile mettere in atto il suo piano. Lo zio aveva fiducia in lei, le affidava delle piccole commissioni e così le era venuta l'idea di nascondere le loro lettere. Nascondendole, pensava che, prima o poi, quella corrispondenza sarebbe finita, nessuno avrebbe più scritto all'altro... E continua con il racconto, tentando inutilmente di giustificarsi. Laurence non ne può più, è disgustata da quello che sente, a un certo punto si alza e se ne va. La delusione e il dolore sono così grandi che non vuole più restare in Piemonte. Vuole lasciare tutto e tutti e ritornare al suo vecchio lavoro. Per riflettere con più calma, decide di fare una passeggiata tra le vigne. È una bella giornata di marzo piena di sole, che fa pensare all'arrivo imminente della primavera. Immersa nei suoi pensieri non si accorge che Stefano la sta osservando. Il ragazzo sta lavorando nel vigneto.

– Ehi, Lorenza! – grida, senza avere una risposta – Come va? Bella giornata, vero? Come mai non sei alla cascina oggi?

---

3. *cadere dalle nuvole*: restare sorpreso, restare meraviglia-
   to per qualcosa che non si sapeva sino a poco prima.

La ragazza non dice niente, scuote[4] tristemente la testa e comincia a piangere. Stefano è dapprima sorpreso, ma poi si ravvede[5] e tenta di calmarla come può. L'abbraccia e aspetta pazientemente che si calmi. Lentamente la ragazza si tranquillizza e gli racconta tutta la storia. Alla fine comunica all'amico la sua decisione di andarsene, di tornare a vivere e a lavorare nel paese da cui è venuta. La delusione e il dolore che prova sono troppo grandi. Non vuole più la cascina. Non vuole più restare in Piemonte. Stefano è sbalordito! È sorpreso dal racconto di Laurence, ma anche dalla sua improvvisa decisone di partire. Si riprende dalla sorpresa, le parla nuovamente e alla fine la convince che, dopo tutto quello che è già stato fatto per il piccolo B&B, sarebbe stupido abbandonare proprio adesso un progetto così bello.

– Pensa al dolore che proverebbe la zia con tutta questa storia! – aggiunge – E poi ora sei una di noi, Lorenza! Ormai non puoi più andartene! Noi ti vogliamo bene. Io ti voglio bene...

25-28

---

4. *scuotere*: dondolare la testa, manifestare perplessità.
5. *ravvedersi*: redersi conto di aver agito male e correggere il proprio comportamento.

*Nel capitolo precedente Laurence ha espresso a Stefano
la sua decisione di ritornare in Svizzera.
Secondo te, ha lasciato il paese di suo padre o è rimasta?*

Cascina del Giglio

Sono ormai passati alcuni mesi da quella triste scoperta e da quella memorabile giornata di marzo. Siamo quasi alla fine di giugno e i lavori di restauro sono finiti puntualmente. Tutto è come Laurence desiderava: la cascina, con la sua facciata dipinta di colore rosso scuro, è bellissima. Al pianoterra ci sono una nuova cucina, una piccola reception e una sala da pranzo; al primo piano le cinque camere per gli ospiti con i servizi. Come sognava Laurence, ogni camera ha un piccolo terrazzo, da dove si gode[1] una bellissima vista sui boschi e sulle colline circostanti. Parte dei mobili per arredare la nuova struttura sono antichi. Alcuni erano di proprietà del babbo e della zia, altri provengono da parenti e amici che generosamente li hanno regalati alla ragazza. Il giardino è in piena fioritura. Con l'aiuto di Stefano e di altre persone, la ragazza è riuscita a fare un piccolo orto, di cui è orgogliosa.

Il simpatico Roberto si è occupato delle relazioni pubbliche. Per far conoscere la cascina, ha creato una splendida pagina web in diverse lingue straniere, corredata[2] da molte fotografie. E già qualcuno ha mandato le prime mail per chiedere informazioni. Roberto naturalmente è fierissimo del suo lavoro.

---

1. *godere*: ammirare.
2. *corredata*: fornita, dotata.

L'inaugurazione[3] del piccolo B&B è fissata per il fine settimana seguente. Con una grande festa nel cortile della cascina Laurence vuole ringraziare tutti i parenti e gli amici che le sono stati vicino, che l'hanno aiutata e sostenuta. Senza di loro il progetto non sarebbe mai riuscito così bene. Gli invitati sono molti. Solo Maria Lucia è stata esclusa. La zia, quando è venuta a saperlo, non ha fatto domande. Ha scosso la testa tristemente, sospirando senza dire una parola. L'anziana signora soffre per questa situazione, ma non se la sente di interferire[4] nei rapporti tra le due ragazze. Ha però notato che, Maria Lucia, quando incontra per caso la cugina, non ha più quell'atteggiamento arrogante nei suoi confronti. Abbassa sempre gli occhi, è piuttosto imbarazzata e confusa. Balbetta timidamente un saluto e se ne va. Tutto questo non è sfuggito nemmeno al resto della famiglia e agli amici, ma, come la zia, hanno scelto di non intromettersi per non aggravare la situazione.

Stefano e Laurence sono inseparabili. Hanno scoperto di volersi bene e di avere molti interessi in comune[5]. Sono una bella coppia, lo dicono tutti. Spesso qualcuno chiede in tono scherzoso: – A quando le nozze?

_____

3. *inaugurazione*: festeggiare l'apertura della cascina.
4. *interferire*: interessarsi di cose che riguardano altre persone.
5. *in comune*: avere quasi gli stessi interessi.

I due non rispondono, ma si guardano e sorridono. Qualche giorno prima della festa, Laurence, tornando a casa da una commissione, trova nella cucina la zia e Stefano. I due stanno parlano fittamente[6].

– Ehi, voi due! Avete un segreto? – li saluta allegramente.

La zia non ha nessuna voglia di scherzare. La guarda seria, seria e le dice:
– Siediti! Stefano ed io vorremmo parlarti!

Le racconta che Maria Lucia è venuta alla cascina e le ha confessato tutto. L'anziana signora comincia a piangere tristemente, subito consolata da Stefano e da Laurence. La zia, asciugandosi le lacrime, continua – Mi rendo conto della gravità del fatto, sull'effetto che il suo atto meschino ha avuto nei rapporti tra te e tuo padre, ma non puoi escluderla così, isolarla… Le dispiace, credimi. È pentita! Soffre per quello che ha fatto, come soffri tu! Non potete continuare così… Ti prego, Laurence, perdonala! Fallo per me! Fallo anche per tuo padre!

Stefano appoggia la zia e anche lui cerca di convincere Laurence a fare pace, o almeno un armistizio[7], con la cugina.

– Va bene! – li interrompe la ragazza irritata – Adesso basta! Dato che ho deciso di vivere qui, in questo paese, e dato che questa situazione non piace nemmeno a me, sono disposta a perdonare Maria Lucia, ma non voglio esserle amica! Va bene così? Siete contenti adesso?

La riconciliazione tra le due ha luogo la sera stessa. La cugina arriva accompagnata da suo marito Luca, che, stringendo la mano di Laurence, le mormora parole di scusa. Maria Lucia ha l'aria triste e pentita, si avvicina alla cugina, tenta di abbracciarla, ma Laurence la respinge. Allora Maria Lucia sussurra semplicemente – Mi dispiace! Mi

---

6. *fittamente*: in modo intenso.
7. *armistizio*: termine militare che indica l'accordo tra due parti nemiche per avere la pace, una periodo senza conflitti.

dispiace tanto! Non ho parole! Tu non puoi immaginare... – e scoppia in un pianto disperato.

È la zia che salva la situazione, abbraccia Maria Lucia e le dice:
– Su, su! Ormai è tutto finito! Sentite, Stefano ha portato il vino nuovo. Vogliamo assaggiarlo insieme?

Tutti si siedono al grande tavolo della nuova cucina e, a poco a poco, l'atmosfera si distende. Si parla della cascina restaurata, del tempo... del più e del meno. Quando Maria Lucia e suo marito si alzano per andare a casa, Laurence le sorride e le dice:

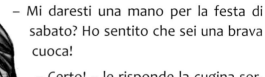

– Mi daresti una mano per la festa di sabato? Ho sentito che sei una brava cuoca!

– Certo! – le risponde la cugina sorpresa, ma felice – Volentieri!

29-32

Indice delle attività

Attività

1. Rispondi alle domande.   Sì/No

1. Si sa in quale paese lavora la protagonista della storia? ☐☐
2. Si sa in quale regione italiana abitava il padre? ☐☐
3. Si sa la causa della morte del padre? ☐☐
4. Si sa quanti anni ha la protagonista della storia? ☐☐

2. a. Completa le frasi con le seguenti espressioni. Attenzione al tempo e al modo verbale corretto!

lasciare in pace   mancare   cavarsela   a dire la verità

1. Il direttore dell'albergo conclude il suo breve discorso dicendo alla festeggiata: – Ricordati, cara Laurence, che potrai sempre tornare da noi. Ti lasciamo andare via a malincuore. Ci ....!

2. Laurence deve raccontare i fatti alla sua collega perché sa che Natalie non la ....

3. .... Laurence non conosceva molto bene suo padre perché non aveva nessun contatto con lui da molto tempo.

4. Secondo Natalie, quando Laurence parla in italiano con gli ospiti dell'albergo .... abbastanza bene.

b. Adesso, prova a scrivere 4 frasi con le espressioni dell'attività precedente.

1. ....
2. ....
3. ....
4. ....

3. *Cerca l'errore!* **Ascolta la traccia audio e correggi gli 8 errori presenti nel testo.**

Arrivata nel monolocale, che sta per lasciare, si siede sul letto e sospirando si guarda intorno.
«Non c'è più niente di mio qui!» pensa «Tutti i vestiti sono stati ormai venduti, le valigie sono già in macchina... Che gioia...».
Durante la notte non riesce a leggere. Si gira e si rigira nel letto. Le vengono in testa sempre le stesse domande: «Avrò preso la decisione sbagliata? Che cosa succederà adesso?».
Prova a ricordarsi di suo nonno, ma non ci riesce. «Che cosa sento per lui? Affetto? Indipendenza?» si chiede. «Non lo conoscevo bene...» pensa «...e del resto ormai... è troppo tardi!».
Quando finalmente riesce ad addormentarsi, è quasi notte.

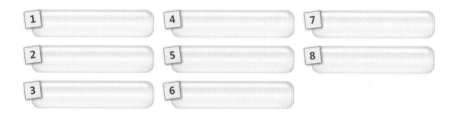

1		4		7	
2		5		8	
3		6			

4. **Il sogno di Laurence è aprire un piccolo B&B.**
Qual è il tuo sogno? Prova a raccontarlo e poi confrontati con i tuoi compagni.

....

....

....

....

....

....

Attività

5. Il padre di Laurence viveva in Piemonte. Che cosa conosci di questa regione? Partecipa al quiz e scegli le risposte corrette.

1. Il Piemonte è una regione italiana che si trova nell'Italia...

   a. *settentrionale*   **b.** *centrale*   **c.** *meridionale*

2. Il Piemonte confina con ...

   a. *la Francia e l'Austria*   **b.** *la Svizzera e la Germania*   **c.** *la Francia e la Svizzera*

3. La città capoluogo del Piemonte è...

   a. *Roma*   **b.** *Firenze*   **c.** *Torino*

4. Un'importante ditta automobilistica ha la sua sede in Piemonte:

   a. *la Ferrari*   **b.** *la Fiat*   **c.** *l'Alfa Romeo*

---

6. Trova gli aggettivi e risolvi il cruciverba.

Orizzontali:
3. Il dottor Amato è un uomo ...
4. Lo è qualche volta Maria Lucia.
5. Il tono di Maria Lucia è ...
6. Secondo la zia, Laurence è molto ...

Verticali:
1. Lo sono i vini prodotti nella zona.
2. Lo è l'accoglienza dei parenti.
5. La sera, durante la cena, Laurence è felice e ...

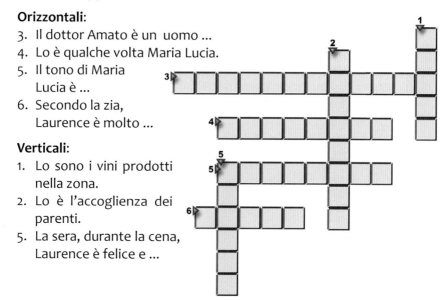

7. Il mattino seguente a colazione Laurence chiede alla zia informazioni sulle pietanze e sui vini che hanno mangiato e bevuto la sera precedente. Ascolta il dialogo e completa la tabella qui sotto.

Antipasto: ....

Primo piatto: ....

Secondo piatto: ....

Dolce: ....

Vini: ....

8. Natalie, ex collega di lavoro, scrive un'e-mail a Laurence per sapere com'è andato il viaggio e come sono i parenti italiani. Immagina di essere Laurence e rispondi brevemente.

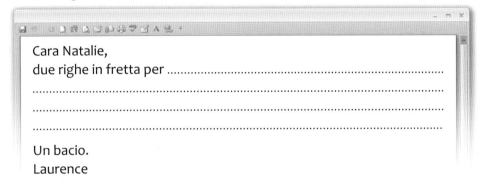

Cara Natalie,
due righe in fretta per ....
....
....
....
Un bacio.
Laurence

9. Scegli il pronome corretto.

1. Il dottor Amato è il notaio che *la/le/gli* ha mandato la lettera.
2. Alla cascina la prima a venir*li/le/la* incontro è una signora anziana.
3. La zia Rossella nota lo stupore di Laurence, *gli/lo/le* si avvicina e *gli/l'/le* abbraccia.
4. Mentre mangiano, la zia domanda a Laurence: – Non *mi/ci/ti* piace?
5. Spesso uno degli uomini più anziani *mi/si/ci* alzava per fare un brindisi.
6. Il vino *la/le/lo* ha portato Stefano.

Attività

capitolo 3

10. Ascolta il brano e indica le affermazioni veramente esistenti.

1. Tutti i parenti pensavano che a Laurence la cascina non interessasse. ☐

2. Maria Lucia lavorava in un negozio di abbigliamento. ☐

3. Laurence e suo padre lavoravano spesso in giardino. ☐

4. Anche Maria Lucia, se avesse ereditato la cascina, avrebbe aperto un B&B. ☐

5. Laurence parla benissimo l'italiano. ☐

6. Secondo la zia, il cugino Piero è la persona più adatta per aiutare Laurence a realizzare il progetto B&B. ☐

11. Scegli la risposta corretta.

1. Il cugino Piero .... le due donne nel suo ufficio.
   a. *faccia accomodare*   **b.** *lascia*   **c.** *fa accomodare*

2. Ascolta con grande interesse .... gli dicono zia e nipote.
   a. *quella che*   **b.** *quello che*   **c.** *quegli che*

3. Maria Lucia non capisce molto di queste cose. Quello che lei sa fare .... è cucinare. è la più brava cuoca di tutte le Langhe!
   a. *perfettamente*   **b.** *malamente*   **c.** *orribilmente*

4. Grazie .... e a presto!
   a. *con il tuo aiuto*   **b.** *per i tuoi aiuti*   **c.** *per il tuo aiuto*

5. Piero saluta le due parenti con una .... stretta di mano.
   a. *pietosa*   **b.** *dignitosa*   **c.** *calorosa*

6. Piero è veramente un ....
   a. *ragazzo d'argento*   **b.** *ragazzo d'oro*   **c.** *ragazzo moro*

12. *Qual è il contrario di ...?* **Unisci le parole contrarie.**

1. indaffarato   a. spensierato

2. curato   b. peggiore

3. pensieroso   c. sfaccendato

4. grato   d. antipatico

5. simpatico   e. ingrato

6. migliore   f. trasandato

13. Correggi le affermazioni false.

1. La cascina sembra essere in pessimo stato.

   ....

2. La vecchia sala da pranzo del babbo potrebbe diventare una piccola reception.

   ....

3. La vecchia stalla potrebbe diventare un piccolo ristorante dove vendere anche i vini di Stefano, il vicino enologo.

   ....

4. Piero informa la cugina che non è possibile aprire un B&B, perché lei è straniera.

   ....

5. Tutti nel piccolo paese sono contrari al progetto, all'apertura di una struttura turistica.

   ....

6. La zia arriva con una bottiglia di acqua minerale e tre bicchieri perché tutti hanno sete.

   ....

(12) 14. Ascolta il testo e completa gli spazi con le giuste preposizioni.

Sarebbe necessario costruire (1)............................. piano superiore le nuove camere (2)............................. gli ospiti e i servizi sanitari.

«Forse» pensa la ragazza «si potrebbe anche costruire un piccolo terrazzino (3)............................. a ogni camera. (4)............................. questa splendida vista (5)............................. colline, sarebbe un piacere stare seduti (6)............................. sole. La cucina andrebbe adattata (7)........ .... nuove esigenze, mentre il corridoio dovrebbe essere allargato (8)............................. fare posto (9)............................. una piccola reception. La vecchia sala (10)............................. pranzo del babbo invece potrebbe diventare la stanza dove servire la prima colazione. ...».

15. Collega le parole alle immagini corrispondenti.

1. Cascina
2. Servizi sanitari
3. Soffitto a volta
4. Orto
5. Erbe aromatiche
6. Impresa edile

a b c b e f

16. *Come si dice?* Individua nel testo le parole o le espressioni che corrispondono alle definizioni date.

1. Intervento per risistemare, ristrutturare un edificio.

   ....

2. Edificio pulito, tenuto in ordine.

   ....

3. Panorama molto bello.

   ....

4. È il professionista del vino e ne segue tutte le fasi di produzione.

   ....

5. Persona di cui ci si può fidare.

   ....

6. Essere emozionati, stare per piangere.

   ....

7. Bere alla salute di qualcuno o di qualcosa.

   ....

capitolo
5

17. Tutti danno una mano a Laurence per realizzare il suo sogno. Scrivi il tipo di aiuto che offrono alla ragazza.

1. Stefano: ....

   ....

2. Roberto: ....

   ....

3. Piero: ....

   ....

4. La zia Rossella: ....

   ....

18. Ascolta la traccia audio. Indica cosa faceva Maria Lucia per la zia e per il padre di Laurence.

1. Comprava le sigarette per lo zio. ☐
2. Andava a raccogliere la verdura nell'orto. ☐
3. Con la sua macchina portava gli zii in paese a fare la spesa. ☐
4. Andava a ritirare la posta degli zii. ☐
5. Puliva la cascina. ☐
6. Comprava ogni giorno il giornale e lo portava alla cascina. ☐
7. Aiutava lo zio nei lavori in giardino. ☐
8. Stirava la biancheria degli zii. ☐

19. Abbina le frasi, come nell'esempio.

1. I lavori di restauro iniziano con la stalla
2. Siccome il tempo è magnifico
3. Il fratello di Maria Lucia è
4. Per Maria Lucia non ereditare la cascina
5. Da molto tempo Laurence si è accorta
6. Alla domanda della zia la ragazza

a. che la zia vuole chiederle qualcosa.
b. reagisce allibita e un po' seccata.
c. il contrario di sua sorella.
d. per trasformarla in un alloggio.
e. è stato un colpo duro.
f. i lavori proseguono senza pausa.

> 1. d, 2. ......, 3. ......, 4. ......, 5. ......, 6. ......

20. Completa le frasi coniugando i verbi dati al modo e al tempo opportuno.

1. I lavori di restauro iniziano dalla ex-stalla. Appena (finire)...................
   ...., zia e nipote (andare)............................... ad abitare.

2. Laurence e Stefano, in queste settimane, (diventare)...................
   .... buoni amici.

3. La pagina web per reclamizzare i vini di Stefano è pronta ed (realizzare)............................. da Roberto.

4. Quando era vivo il babbo di Laurence, Maria Lucia (fare)...............
   .... spesso piccole commissioni per gli zii.

5. Da molto tempo Laurence ha l'impressione che la zia (volere)........
   .... chiederle qualcosa.

6. Se il padre di Laurence (essere)............................. vivo, la ragazza
   (potere)............................. chiedergli, perché non (rispondere)......
   .... alle sue lettere.

capitolo 6

21. Lavori come giornalista per la TV locale. Per il telegiornale della sera scrivi un breve testo sull'incidente di Maria Lucia.

....
....
....
....
....
....
....
....

22. Ascolta la traccia e completa gli spazi con le parole date.

circostanti	*toccare*	*particolarmente*	*burrone*
lastra	*animosamente*	*calmarla*	*a vicenda*

Dopo quella sera Laurence e la zia evitano accuratamente di (1)..........
.... l'argomento "lettere" e continuano la loro vita di sempre. Le due donne stanno bene insieme e si fanno compagnia (2)..
.... Mentre Laurence è occupata a seguire i lavori di restauro all'interno della cascina, la zia si dedica, come sempre, alla cucina e ai lavori di casa. Ormai è arrivato l'inverno che nelle Langhe piemontesi è (3)............................. duro. Quest'anno non c'è molta neve, ma una (4)........................ di ghiaccio ricopre pericolosamente e perennemente alcuni tratti delle strade (5).............................

Una mattina suona il telefono e la zia va a rispondere. Laurence la sente parlare (6).............................. La telefonata è lunga e alla fine l'anziana signora si precipita da lei, pallida in volto, e balbetta confusamente:

– Maria Lucia ha avuto in incidente con la macchina!!! Da quanto ho capito, è scivolata sul ghiaccio ed è andata a sbattere contro un albero. Ci è mancato poco che finisse nel (7)............................. Ha chiamato Roberto. Ancora non si sa se è ferita gravemente! O signore, ci mancava anche questa! – termina in dialetto piemontese.

Laurence fa del suo meglio per (8)..............................

23. Risolvi il cruciverba.

Orizzontali
1. Cura i malati e lavora in ospedale.
3. La sorella di mio padre.
4. Il figlio di mio zio.
7. Avverbio di "allegro".
8. Stagione dopo la primavera.

Verticali

1. Aiutare: dare una ...
2. Stanza della casa dove mangiamo.
5. Idioma, parlata caratteristica di una comunità relativa ad un'area geografica limitata.
6. Luogo chiuso dove vengono ospitati gli animali.

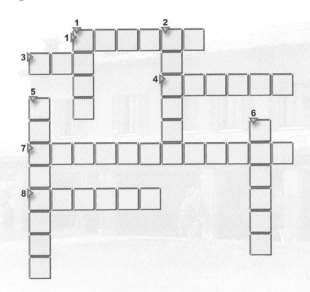

24. Scegli la risposta corretta.

1. Le due donne stanno bene insieme e si fanno ....
   a. *carico*   b. *cortesia*   c. *compagnia*

2. Una mattina .... il telefono e la zia va a rispondere.
   a. *bussa*   b. *suona*   c. *canta*

3. .... ho capito, è scivolata sul ghiaccio.
   a. *Da quanto*   b. *Con quanto*   c. *Per quanto*

4. Nel piccolo paese .... subito l'aiuto di amici e parenti.
   a. *scappa*   b. *scatta*   c. *scaccia*

5. Laurence non può naturalmente che ....
   a. *rallegrarsi*   b. *rallegrarci*   c. *rallegrarsene*

6. Mentre cerca un vestito nell'armadio, ... contro qualcosa.
   a. *colpisce*   b. *urta*   c. *cade*

7. Quelle che ha sotto .... sono proprio le loro lettere!
   a. *il naso*   b. *le mani*   c. *gli occhi*

8. Sei pallida come ....
   a. *uno straccio*   b. *un asciugamano*   c. *un lenzuolo*

capitolo
7

25. Segna quali di queste informazioni si riferiscono a Laurence (L), quali a Maria Lucia (M) e quali a nessuna delle due (N)?

1. Abita in una villetta con il marito e i figli. ☐ M

2. Non voleva rispondere alla lettera del notaio italiano. ☐

3. Non è abituata a bere vino o alcolici. ☐

4. Faceva delle piccole commissioni per gli zii. ☐

5. Ha lavorato in un albergo all'estero. ☐

6. Non è contenta del lavoro che fa. ☐

7. Non vuole più restare in Piemonte, vorrebbe andar via. ☐

8. Non parla perfettamente l'italiano. ☐

9. È una brava cuoca. ☐

10. Vuole comprare una macchina sportiva. ☐

26. Laurence riferisce a Stefano la confessione di sua cugina, ma fa degli errori perché è nervosa e agitata. Trova gli errori e riscrivi il testo in maniera corretta.

«Maria Lucia mi ha confessata tutto. Mi ha detto che ha voluto la cascina e che era pronta a tutto per averlo. La sentiva sua. Era stufa del suo lavoretto da dieci soldi. Voleva aprire il suo B&B. ... Il zio aveva fiducia in sé, le dava spesso delle commissioni da fare e così sia stato facile per lei nascondere le nostre lettere. Ha pensato, e aveva ragione, che così abbiamo smesso di scriverci».

....

....

....

....

....

....

15) 27. Ascolta il brano e metti in ordine il testo nell'ordine giusto.

☐ La ragazza non dice niente, scuote tristemente la testa e comincia a piangere. Stefano è dapprima sorpreso, ma poi si ravvede e tenta di calmarla come può. L'abbraccia e aspetta pazientemente che si calmi.

☐ La delusione e il dolore che prova sono troppo grandi. Non vuole più la cascina. Non vuole più restare in Piemonte.

☐ Per riflettere con più calma, decide di fare una passeggiata tra le vigne. È una bella giornata di marzo piena di sole, che fa pensare all'arrivo imminente della primavera.

☐ Immersa nei suoi pensieri non si accorge che Stefano la sta osservando. Il ragazzo sta lavorando nel vigneto.

☐ Lentamente la ragazza si tranquillizza e gli racconta tutta la storia. Alla fine comunica all'amico la sua decisione di andarsene, di tornare a vivere e a lavorare nel paese da cui è venuta.

☐ – Ehi, Lorenza! – grida, senza avere una risposta – Come va? Bella giornata, vero? Come mai non sei alla cascina oggi?

28. Scrivi delle frasi con le seguenti espressioni:

> *pensare tra sé e sé - andare subito al sodo - fare finta di nulla cadere dalle nuvole - essere pronto a tutto*

1. ....

2. ....

3. ....

4. ....

5. ....

capitolo 8

29. Lavori per il giornale locale. Il giorno dell'inaugurazione del B&B di Laurence, il direttore ti manda nel paesino per fare un'intervista alla ragazza e per descrivere la nuova struttura turistica. Completa il breve articolo.

Nella nostra bella regione è sorta una nuova struttura turistica. Si tratta del B&B *Cascina del Giglio* ....
....
....
....
....

16) 30. Ascolta il brano e completa le frasi (max 4 parole).

1. L'inaugurazione del piccolo B&B è fissata ....
   .... seguente.

2. Con una grande festa nel cortile della cascina Laurence vuole ringraziare tutti i parenti e gli amici che ....
   ...., che l'hanno aiutata e sostenuta.

3. Gli invitati sono molti. Solo Maria Lucia ....
....

4. Ha scosso ...., sospirando senza dire una parola.

5. Ha però notato che, Maria Lucia, quando incontra per caso la cugina, non ha più quell'atteggiamento ....
....

6. Tutto questo non è sfuggito nemmeno ....
.... della famiglia e agli amici, ma, come la zia, hanno
scelto di non intromettersi per non aggravare la situazione.

31. Scrivi un breve riassunto della storia.

....
....
....
....
....
....

**32. Che cosa pensi della fine del racconto? Immagina una fine
diversa e confronta la tua idea con quella dei tuoi compagni.**

....
....
....
....
....

1. 1. No, 2. Sì, 3. No, 4. Sì

2. **a.** 1. mancherai, 2. lascerebbe in pace, 3. A dire la verità, 4. se la cava; **b.** Risposte libere

3. 1. nell'appartamento (nel monolocale), 2. mobili (vestiti), 3. tristezza (gioia), 4. dormire (leggere), 5. giusta (sbagliata), 6. padre (nonno), 7. Indifferenza (Indipendenza), 8. giorno (notte)

4. Risposta libera

5. 1.a, 2.c, 3.c, 4.b

6.

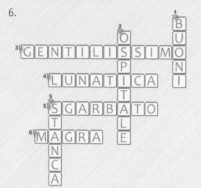

7. *Antipasto*: Tartare (carne cruda); *Primo piatto*: Tajarin al ragù (tagliatelle sottili sottili); *Secondo piatto*: Brasato al Barolo (arrosto cotto lentamente nel vino); *Dolce*: Panna cotta; *Vini*: Moscato d'Asti (vino dolce), Barbera e Barolo (vini rossi)

8. Risposta libera

9. 1. *le* ha mandato, 2. venir*le*, 3. *le* si avvicina e *l'*abbraccia, 4. *ti* piace, 5. *si* alzava, 6. *lo* ha portato

10. 1, 4, 6

11. 1.c, 2.b, 3.a, 4.c, 5.c, 6.b

12. 1.c, 2.f, 3.a, 4.e, 5.d, 6.b

13. Risposte suggerite:
    1. La cascina sembra essere abbastanza in ordine; 2. La vecchia sala da pranzo del babbo potrebbe diventare la stanza dove servire la prima colazione; 3. La vecchia stalla potrebbe diventare un alloggio per Laurence e la zia; 4. Piero informa la cugina che il progetto B&B non è difficile da realizzare; 5. Tutti nel piccolo paese sono entusiasti del progetto, per l'apertura di una struttura turistica; 6. La zia arriva con una bottiglia di spumante e tre bicchieri per brindare

14. 1. al, 2. per, 3. davanti, 4. Con, 5. sulle, 6. al, 7. alle, 8. per, 9. a, 10. da

15. 1.d, 2.f, 3.a, 4.b, 5.c, 6.e

16. 1. restauro, 2. curato, 3. splendida vista, 4. enologo, 5. affidabile, 6. essere commossi, 7. brindare

17. 1. Stefano, insieme ad altri parenti e amici, dà una mano per finire prima dell'inverno l'alloggio per Laurence e la zia; 2. Roberto preparerà la pagina web per il B&B di Laurence; 3. Piero, che lavora in banca, aiuta Laurence a trovare i finanziamenti per realizzare il progetto e le consiglia a chi affidare i lavori; 4. Zia Rossella abita insieme a Laurence, l'aiuta in tutto dal momento che la ragazza non conosceva nessuno appena arrivata in paese

18. 1, 4, 6, 7

19. 1.d, 2.f, 3.c, 4.e, 5.a, 6.b

20. 1. saranno finiti, andranno; 2. sono diventati, 3. è stata realizzata, 4. faceva, 5. voglia, 6. fosse, potrebbe/avrebbe potuto, rispondeva

21. Risposta libera

22. 1. toccare, 2. a vicenda, 3. particolarmente, 4. lastra, 5. circostanti, 6. animosamente, 7. burrone, 8. calmarla

23.

24. 1.c, 2.b, 3.a, 4.b, 5.c, 6.b, 7.c, 8.a

25. 1.M, 2.N, 3.N, 4.M, 5.L, 6.M, 7.L, 8.L, 9.M, 10.N

26. Maria Lucia mi ha confessato tutto. Mi ha detto che **voleva** la cascina e che era pronta a tutto per aver**la**. La sentiva sua. Era stufa del suo lavoretto da **quattro** soldi. Voleva aprire il suo B&B. ... **Lo** zio aveva fiducia in **lei**, le dava spesso delle commissioni da fare e così **è** stato facile per lei nascondere le nostre lettere. Ha pensato, e aveva ragione, che così **avremmo** smesso di scriverci.

27. 4, 6, 1, 2, 5, 3

28. Risposte libere

29. Risposta libera

30. 1. per il fine settimana, 2. le sono stati vicino, 3. è stata esclusa, 4. la testa tristemente, 5. arrogante nei suoi confronti, 6. al resto

31. Risposta libera

32. Risposta libera

Primiracconti è una collana di racconti rivolta a studenti di ogni età e livello. Ogni storia è accompagnata da brevi note, da originali e simpatici disegni, da una sezione con esercizi e relative soluzioni. È disponibile anche la versione libro + CD audio che permette di ascoltare tutto il racconto e di svolgere delle brevi attività.

Ritorno alle origini (B1-B2) è la storia di un giovane uomo di successo che da Manhattan decide di recarsi in Italia con l'intenzione di soddisfare la sua curiosità: chi è l'uomo, che tanto gli assomiglia, ritratto in una fotografia apparsa su un quotidiano americano? Il tentativo di trovare una spiegazione al mistero si trasforma però in un viaggio alla riscoperta del passato, in un ritorno alle origini, che aiuterà il protagonista a far luce sulla propria esistenza e a sognare un futuro più sereno.

Primiracconti classici è la nuova collana di Edilingua che presenta testi letterari facilitati di grandi scrittori italiani.
Italo Calvino (B1-B2), presenta brani tratti da *Il giardino incantato, Il visconte dimezzato, Il barone rampante, Il cavaliere inesistente, Il castello dei destini incrociati, Le città invisibili, Se una notte d'inverno un viaggiatore, Gli amori difficili, Marcovaldo, Palomar.*